THE RULES

LAS REGLAS

Written by / Escrito por
Jeffrey Pax

Illustrated by / Ilustrado por
Robert Lenz

Translated by / Traducido por
Heidie Decker

Text © 2022 Jeffrey Pax
Illustrations © 2022 Robert Lenz
Published by J.S.Y Venture Properties

Library of Congress Control Number: XXXXXXXXXXXX
ISBN (Paperback, Dual Language English and Spanish): 978-1-958198-00-1

All rights reserved. No part of this book may be reproduced or used in any manner
without the prior written permission of the copyright owners.

To all my students.
Thanks for testing these rules out for me.

Para todos mis alumnos.
Gracias por hacerme el favor de poner en práctica estas reglas.

BE KIND.

Se agradable.

4

What is this busy place with so much to see and do?
There are tons of things to work with, and so many people!
Where are you?

¿Cuál es este lugar tan concurrido con tantas cosas que hacer y tanto que ver?
Hay multitud de cosas en las que se puede trabajar, ¡y hay mucha gente!
¿En qué lugar estás ahora?

How can all of these people stay safe
and get along with each other?

¿Cómo pueden estar todas estas personas
permanecer a salvo y también hacer equipo?

There have to be some rules.
The rules don't stop you from having fun.
They just remind you to **be kind.**

Es necesario tener algunas reglas.
Las reglas no impiden la diversión.
Sólo están para recordarnos **ser agradables.**

7

Do you have rules at home?
What are they?
What do you think the rules should be here?

¿Tienes reglas en tu casa?
¿Cuáles son?
¿Cuáles reglas debemos tener en nuestra clase?

THE RULES
LAS REGLAS

→ Raise your hand to speak.
Levanta la mano para hablar.

→ Be gentle.
Se cuidadoso.

→ Keep your hands to yourself.
Manten las manos quietas.

Everyone is together. Tracee wants to talk.
How can she make it be her turn?

Estamos juntos. Tracee quiere hablar.
¿De qué manera puede ella pedir su turno?

Will she talk right now, even if someone else is talking?

Is that kind?

We would never know whose turn it is.

¿Hablará ella, incluso cuando esten hablando otras personas?

¿Es eso agradable?

Nunca sabríamos a quién le toca.

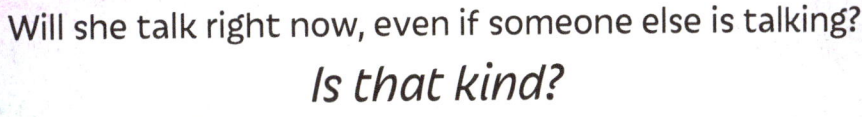

11

Will she talk all the time?
Is that kind?
Everybody else wants a turn, too,
and sometimes we need to stay quiet.

¿Hablará ella todo el tiempo?
¿Es eso agradable?
El resto de la clase quiere su turno, también,
y a veces tenemos que quedarnos en silencio.

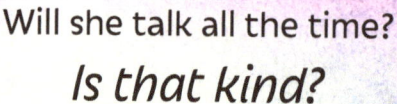

Will she scream and shout?

Is that kind?

If everyone shouts, no one will be able to hear anybody else.

¿Se pondrá ella a gritar y chillar?

¿Es eso agradable?

Si todos gritan a la vez, nadie podrá escucharse.

13

What if Tracee raises her hand and waits to be called on?
Then everybody can hear each other, and most of us will get a turn.
Does that sound good?
Raise your hand to speak.

¿Y si Tracee levanta su mano y ella espera su turno?
Entonces, todo el mundo puede escucharse,
y la mayoría de nosotros tendremos nuestro turno.
¿Está bien eso?
Levanta la mano para hablar.

Everyone is working. Diego wants to work, too.
How can he work and play without wrecking stuff or hurting anyone?

Todo el mundo está trabajando. Diego quiere unirse al trabajo también.
¿Cómo puede él trabajar y jugar sin destruir nada ni hacerle daño a nadie?

Will he throw hard things like blocks and cars?

Is that kind?

He might hit someone and they could get hurt.

¿Lanzará los juguetes pequeños como cochecitos o bloques de juguete?

¿Es eso agradable?

Posiblemente el golpearía a alguien y le haría daño.

Will he rip pages out of books or draw on them?

Is that kind?

No one could read them after that.

¿Arrancará las páginas o dibujará él en las páginas de los libros?

¿Es eso agradable?

Si lo hiciese él, nadie podría leerlos.

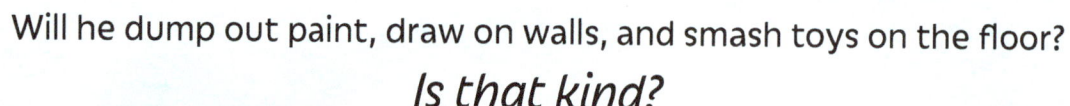

Will he dump out paint, draw on walls, and smash toys on the floor?

Is that kind?

If he makes a big mess and breaks things, he will have a lot to clean up
and no one can use those things anymore.

¿Vaciará la pintura, dibujará en las paredes, o romperá él los juguetes en el suelo?

¿Es eso agradable?

Si él monta un gran lío, tendrá que limpiar mucho
y nadie podrá usar más todas esas cosas.

What if Diego is gentle with everything when he works and plays?
Then, everybody can use everything without getting hurt or breaking it.
Does that sound good?
Be gentle.

¿Y si Diego es cuidadoso con todo cuando él trabaja y juega?
Todos tendrían la oportunidad de usar las cosas
sin hacerse daño o sin que se rompan.
¿Está bien eso?
Se cuidadoso.

19

Someone is using the thing Amy wants. Amy is mad.
How can Amy get what she wants?

Alguien está usando la misma cosa que Amy quiere. Amy está enfadada.
¿Cómo puede Amy conseguir lo que quiere?

20

Will she take things that don't belong to her?

Is that kind?

If everybody steals, she won't be able to keep her own things.

¿Cogerá ella cosas que no son suyas?

¿Es eso agradable?

Si todo el mundo roba, ella no podrá mantener sus propias cosas.

Will she pull something out of someone else's hands?

Is that kind?

Someone else will pull it out of her hands.
If we keep taking from each other, no one will get to use it.

¿Quitará ella algo de las manos de otra persona?

¿Es eso agradable?

Otra persona se lo quitará de sus manos.
Si continuamos quitando de otros, nadie podrá usarlos.

Will she pinch, slap, hit, kick, bite, or grab other people when she gets mad?

Is that kind?

If everybody hurts each other, then you will get hurt too.

¿Pellizcará, golpeará, dará un tortazo, pateará, o agarrará ella a otros cuando está enfadada?

¿Es eso agradable?

Si todo el mundo hace daño a otros, tú también serás dañado.

23

What if, when Amy wants something,
   she says, "Can I please use that when you're done?"
      and then waits for her turn?

      What if, when Amy gets mad,
         she moves away without touching anyone?

         Then everybody could share things, and no one would get hurt.
            Does that sound good?
               Keep your hands to yourself.

¿Y si Amy quiere algo,
   ella dice, "Por favor, puedo usarlo cuando tú termines?"
      y después ella espera su turno?

      Y si cuando se enfadada Amy,
         ella se aparta del grupo sin tocar a nadie?

         Todos podrían compartir las cosas, y nadie será dañado.
            ¿Está bien eso?
               Manten las manos quietas.

24

Can you think of any other ways we can stay safe and get along with each other here? What else can we do to **be kind**?

¿Hay otras maneras de mantenernos seguros y para que nos llevemos bien? ¿Qué más podemos hacer para **ser agradables**?

Sometimes it's okay for everyone to talk all at once,
like when we're coloring or playing.
How can Margaret make sure everyone can hear each other?
Speak softly.

A veces, es apropiado que hablen todos a la misma vez,
por ejemplo, cuando estamos coloreando o jugando.
¿Cómo puede asegurarse Margaret de que todo el mundo
puede escucharse el uno al otro?
Habla bajo.

Sometimes we all go places together and have to take turns.
When it's time for recess or to use the drinking fountain,
how can Maya get there and get a turn?
Line up.

A veces, vamos juntos a lugares y tenemos que tomar turnos.
Cuando es hora del recreo o tomar agua de la fuente,
¿cómo puede llegar Maya y toma su turno?
Manten la fila.

Sometimes we have trash.
How can Hasan help keep the room clean?
Put trash in the trash can.

A veces, tenemos basura.
¿Cómo puede Hasan mantener limpia la clase?
Pon basura en el cubo.

Sometimes we just need to move.
How can Dwayne let everyone hear and pay attention when he moves?
Keep hands, feet, and mouths quiet.

A veces, tenemos que movernos.
¿Cómo puede Dwayne permitir que los otros continuen escuchando y prestando atención cuando se mueve?
Manten las manos, los pies, y las bocas en silencio.

What will it be like if everyone follows the rules?
¿Cómo sería si todos cumplieran las reglas?

If we raise our hands to speak,
will most of us get a turn and hear each other?
Yes.

Si levantamos las manos para hablar,
¿tendremos todos un turno
y nos escucharemos bien los unos a los otros?
Sí.

If we are gentle,
will there be fewer accidents?
Yes.

Si somos cuidadosos,
¿ocurrirán menos accidentes?
Sí.

If we keep our hands to ourselves,
will we all get to share things without getting hurt?
Yes.

Si mantenemos nuestras manos quietas,
¿compartiremos cosas sin tener ningún daño?
Sí.

THE RULES
LAS REGLAS

→ Raise your hand to speak.
Levanta la mano para hablar.

→ Be gentle.
Se cuidadoso.

→ Keep your hands to yourself.
Manten las manos quietas.

That's a lot to remember. Is there an easier way?
Is there one thing we can do to make sure we always
follow the rules to stay safe and get along with each other?
*What's **one thing** we can try to do all the time?*

Esto es mucho para recordar. ¿Hay una manera más fácil?
¿Hay alguna cosa que podamos hacer para asegurarnos que siempre
sigamos las reglas y para que nos llevemos bien entre nosotros.
*¿Cuál es **la cosa** que podemos tratar de hacer todo el tiempo?*

BE KIND.

Se agradable.

www.ingramcontent.com/pod-product-compliance
Lightning Source LLC
Chambersburg PA
CBHW041441120626
46547CB00002B/300

* 9 7 8 1 9 5 8 1 9 8 0 0 1 *